BEI GRIN MACHT SICH IHR WISSEN BEZAHLT

- Wir veröffentlichen Ihre Hausarbeit,
  Bachelor- und Masterarbeit

- Ihr eigenes eBook und Buch -
  weltweit in allen wichtigen Shops

- Verdienen Sie an jedem Verkauf

Jetzt bei www.GRIN.com hochladen und kostenlos publizieren

Bibliografische Information der Deutschen Nationalbibliothek:

Die Deutsche Bibliothek verzeichnet diese Publikation in der Deutschen National-
bibliografie; detaillierte bibliografische Daten sind im Internet über http://dnb.d-
nb.de/ abrufbar.

Impressum:

Copyright © 2018 GRIN Verlag
Druck und Bindung: Books on Demand GmbH, Norderstedt Germany
ISBN: 9783346236982

Dieses Buch bei GRIN:

https://www.grin.com/document/917091

Arno Peise

Trainingslehre III. Beweglichkeits- und Koordinationstraining

GRIN Verlag

GRIN - Your knowledge has value

Der GRIN Verlag publiziert seit 1998 wissenschaftliche Arbeiten von Studenten, Hochschullehrern und anderen Akademikern als eBook und gedrucktes Buch. Die Verlagswebsite www.grin.com ist die ideale Plattform zur Veröffentlichung von Hausarbeiten, Abschlussarbeiten, wissenschaftlichen Aufsätzen, Dissertationen und Fachbüchern.

Besuchen Sie uns im Internet:

http://www.grin.com/

http://www.facebook.com/grincom

http://www.twitter.com/grin_com

Deutsche Hochschule für
Prävention und Gesundheitsmanagement
Hermann Neuberger Sportschule 3
66123 Saarbrücken

Einsendeaufgabe

Fachmodul: Trainingslehre III

Studiengang: Gesundheitsmanagement

Datum
Präsenzphase: **20.08.2018 - 22.08.2018**

Name, Vorname: Peise, Arno

Studienort: **Hamburg**

Semester: **WS 2016**

Inhaltsverzeichnis

1 Personendaten

1.1 Allgemeine und biometrische Daten

Im Folgenden werden allgemeine Daten und der Gesundheitsstatus einer Testperson dargestellt, sowie eine Bewertung im Hinblick auf die Belastbarkeit und Trainierbarkeit des Probanden vorgenommen.

Tabelle 1: Allgemeine und biometrische Daten (eigene Darstellung)

Alter	26 Jahre		
Geschlecht	Männlich		
Körpergröße	186 cm		
Körpergewicht	72 kg		
BMI	20,81 kg/m²		
Trainingsmotive	- Reduzierung von Verspannungen und Rückenschmerzen - Verbesserung der allgemeinen Beweglichkeit - Verbesserung des Gleichgewichts und Körpergefühls		
Berufliche Tätigkeit	Teamleiter Personalabteilung (sitzend)		
Sportliche Aktivität	Tätigkeit	Leistungsstufe	Umfang
	Leichtathletik Schule (1997 – 2010)	Freizeitsportler	2 mal pro Woche, jeweils 90 Minuten
	Radfahren (2010 – aktuell)	Freizeitsportler	2 mal pro Woche, jeweils 90 Minuten
	Laufen (2016 – aktuell)	Freizeitsportler	2 mal pro Woche, jeweils 60 Minuten
Verfügungszeit	4 mal pro Woche, jeweils bis zu 60 Minuten		
Blutdruck	118/68 mmHg		
Ruhepuls	60 Schläge/Minute		
Orthopädische Probleme	Protrahierte Schultern, Rundrücken (ärztliche Unbedenklichkeit zum Training liegt vor)		
Internistische Probleme	Keine		
Behandlungen	Keine		
Medikamente	Keine		
Gesundheitliche Einschränkungen	- Unregelmäßig auftretende Rücken- und Kopfschmerzen - Verspannungen im Nacken		

1.2 Bewertung der Personendaten

Im Bezug auf die Belastbarkeit und Trainierbarkeit sind aus gesundheitlicher Sicht keine Einschränkungen gegeben. Die Rücken- und Kopfschmerzen wurden ärztlich untersucht, sind unspezifisch und stellen keine Einschränkung für ein Beweglichkeits- und

Koordinationstraining dar. Gleiches gilt für die protrahierten Schultern und den Rund-rücken. Diese orthopädischen Probleme sind auf die vorwiegend sitzende berufliche Tätigkeit zurückzuführen. Die allgemeinen Daten, wie Alter, Geschlecht, Ruhepuls und Blutdruck, sind ebenfalls keine Einschränkungen im Bereich der Belastbarkeit oder Trainierbarkeit des Beweglichkeits- und Koordinationstrainings. Das relativ junge Alter und der normale BMI sind sogar förderlich im Rahmen der Bewertungskriterien. Durch das bereits vorhandene Trainingspensum im Ausdauerbereich kann von einer uneingeschränkten Belastbarkeit ausgegangen werden. Die relativ hohe zeitliche Verfügbarkeit bietet im Rahmen des Trainings die Möglichkeit für bis zu vier Einheiten Beweglichkeits- und Koordinationstraining in der Woche.

2 Beweglichkeitstestung

Im weiteren Verlauf wird während der Diagnose des Fünf-Stufen-Modells der Trainingssteuerung (Olivier et al., 2008, S. 55–58) ein manueller Beweglichkeitstest durchgeführt und die erhobenen Daten bewertet und interpretiert.

Es werden fünf Muskelgruppen in Anlehnung an die Muskelfunktionsprüfung nach Janda (2000) manuell getestet.

2.1 Brustmuskulatur – M. pectoralis major

Testdurchführung (nach Janda, 2000, S. 270–271):
Der Kunde liegt in Rückenlage auf einer Behandlungsliege, beide Beine sind angewinkelt und die Füße aufgestellt, sodass das Becken besser fixiert ist. Das Becken bleibt während der Testung auf der Unterlage, hierzu wird die Bauchmuskulatur angespannt. Der zu testende Arm ist im Schultergelenk außenrotiert und abduziert. Im Ellenbogengelenk wird eine Beugung von 90° eingenommen. Es wird nun die Position des Oberarmes zur Horizontalen getestet. Nach Ergebnisprotokollierung folgt die Testung der Gegenseite (vgl. Eifler, 2018, S. 48).

Normwerte:
Stufe 0: Kein Beweglichkeitsdefizit. Der Oberarm erreicht die Horizontale ohne Hilfe, durch leichten Druck des Testers sogar mehr.

Stufe 1: Leichtes Beweglichkeitsdefizit. Der Oberarm erreicht die Horizontale nicht von selbst, nur durch leichten Druck des Testers.

Stufe 2: Deutliches Beweglichkeitsdefizit. Der Oberarm erreicht die Horizontale auch durch Druck des Testers nicht (vgl. Eifler, 2018, S. 48).

2.2 Hüftbeugemuskulatur – speziell M. iliopsoas

Testdurchführung (nach Janda, 2000, S. 258–259):

Der Proband befindet sich in Rückenlage auf der Behandlungsliege. Das Gesäß schließt mit dem hinteren Ende der Liege, während die Beine diese überragen. Er zieht das linke Bein, im Kniegelenk gebeugt, möglichst nah an den Oberkörper heran, das rechte Bein bleibt im Überhang. Die Lendenwirbelsäule weist eine leichte Lordose auf, während das Becken auf der Liege fixiert ist. Ein Abheben des Beckens oder eine Hyperlordose würden das Testergebnis verfälschen. Zur Verstärkung schiebt der Tester seine Hand unter die Lendenwirbelsäule und der Proband presst seinen unteren Rücken auf die Hand. In diesem Test ist der Hüftbeugewinkel, also die Position des Oberschenkels zur Körperlängsachse das Messkriterium. Nach Ergebnisprotokollierung folgt die Testung der Gegenseite (vgl. Eifler, 2018, S. 49).

Normwerte:

Stufe 0: Kein Beweglichkeitsdefizit. Der Oberschenkel erreicht die Horizontale ohne Hilfe, durch leichten Druck des Testers sogar mehr.

Stufe 1: Leichtes Beweglichkeitsdefizit. Der Oberschenkel kann nur durch Druck des Testers in die Horizontale bewegt werden.

Stufe 2: Deutliches Beweglichkeitsdefizit. Der Oberschenkel kann auch durch Druck des Testers die Horizontale nicht erreichen (vgl. Eifler, 2018, S. 49).

2.3 Kniestreckmuskulatur – speziell M. rectus femoris

Testdurchführung (nach Janda, 2000, S. 258–259):

Der Proband befindet sich in Rückenlage auf der Behandlungsliege. Das Gesäß schließt mit dem hinteren Ende der Liege, während die Beine überragen. Er zieht das linke Bein im Kniegelenk gebeugt möglichst nah an den Oberkörper heran, das rechte Bein bleibt in der vorherigen Position. Das linke Bein wird im Überhang im größtmöglichen Hüftextensionswinkel fixiert, anschließend in den größtmöglichen Kniebeugewinkel bewegt. Der Tester sollte darauf achten, dass das Becken nicht angehoben wird und keine Hyperlordose der Lendenwirbelsäule entsteht. Für den Test ist der Winkel zwischen Ober- und Unterschenkel des Überhangbeines das Bewertungskriterium, deshalb darf die Auflagefläche nicht die Beugung im Kniegelenk behindern. Nach Ergebnisprotokollierung folgt die Testung der Gegenseite (vgl. Eifler, 2018, S. 50).

Normwerte:

Stufe 0: Kein Beweglichkeitsdefizit. Der Unterschenkel hängt im 90° Winkel herab und kann durch Druck des Testers noch weiter bewegt werden.

Stufe 1: Leichtes Beweglichkeitsdefizit. Der Unterschenkel ist leicht nach vorne gestreckt, durch geringen Druck wird ein senkrechter Winkel erzielt.

Stufe 2: Deutliches Beweglichkeitsdefizit. Der Unterschenkel ist stark nach vorne gestreckt, durch Druck des Testers kann die Senkrechte nicht erreicht werden (vgl. Eifler, 2018, S. 50).

2.4 Kniebeugemuskulatur – Mm. ischiocruales

Testdurchführung (nach Janda, 2000, S. 261–262):

Der Proband befindet sich in Rückenlage auf der Behandlungsliege. Das linke Bein ist im Hüft- und Kniegelenk angewinkelt und der Fuß steht auf der Auflagefläche während des gesamten Testablaufes. Der Tester bringt das rechte Bein in eine maximale Hüftflexion. Das rechte Bein muss hierbei gestreckt und der Fuß locker gehalten werden. Auch in diesem Test muss die Lendenwirbelsäule auf der Unterlage aufliegen und eine Hyperlordose vermieden werden. Bewertungskriterium ist der Winkel zwischen Untergrund und Beinachse des gehobenen Beines (Hüftbeugewinkel). Nach Ergebnisprotokollierung folgt die Testung der Gegenseite (vgl. Eifler, 2018, S. 51).

Normwerte:

Stufe 0: Kein Beweglichkeitsdefizit. Eine rechtwinklige Flexion im Hüftgelenk wird erreicht.

Stufe 1: Leichtes Beweglichkeitsdefizit. Die Flexion im Hüftgelenk ist zwischen 80° und 90° möglich.

Stufe 2: Deutliches Beweglichkeitsdefizit. Die Flexion im Hüftgelenk ist nur unter 80° möglich (vgl. Eifler, 2018, S. 51).

2.5 Wadenmuskulatur – Mm. triceps surae

Testdurchführung (nach Janda, 2000, S. 255):

Der Proband befindet sich in Rückenlage auf der Behandlungsliege. Das linke Bein ist angewinkelt, der Fuß steht auf der Auflagefläche. Der Unterschenkel des rechten Beines ragt über die Liege hinaus, das Bein wird gestreckt. Der Testleiter greift nun mit der Hand den unteren Teil des Fersenbeins und mit der anderen Hand die Außenkante des Fußes. Der Tester zieht den Fuß nun distalwärts und drückt den Vorfuß mit dem Daumen der anderen Hand leicht in Richtung des Schienbeins. Der Druck des Daumens wird direkt an der Außenkante durchgeführt um Verfälschungen der Testergebnisse zu vermeiden. Es kann sowohl der Schollenmuskel beim gestreckten Kniegelenk, als auch der Zwillingswadenmuskel getestet werden, indem nach Erreichen der maximalen Dorsalextension das Kniegelenk gebeugt wird. Nach Ergebnisprotokollierung folgt die Testung der Gegenseite (Eifler, 2018, S. 52).

Normwerte:

Stufe 0: Kein Beweglichkeitsdefizit. Mindestens ein 90° Winkel zwischen Fuß und Unterschenkel ist realisierbar.

Stufe 1: Leichtes Beweglichkeitsdefizit. Die Dorsalextension von 0° wird nicht erreicht (wäre aber möglich).

Stufe 2: Deutliches Beweglichkeitsdefizit. Es ist nur eine Dorsalextension bis 10° unterhalb der 0° Stellung möglich (vgl. Eifler, 2018, S. 52).

2.6 Testergebnisse

Die nachfolgende Tabelle veranschaulicht die Testergebnisse des Probanden.

Tabelle 2: Ergebnisse des manuellen Beweglichkeitstest (eigene Darstellung)

Testmuskel	Ergebnis links	Ergebnis rechts
Brustmuskulatur	1	1
Hüftbeugemuskulatur	1	1
Kniestreckmuskulatur	0	0
Kniebeugemuskulatur	1	1
Wadenmuskulatur	2	2

2.7 Bewertung und Interpretation der Ergebnisse

Die Ergebnisse des Beweglichkeitstests lassen sich folgendermaßen interpretieren: Durch die beruflich sitzende Tätigkeit liegt in der Hüft- und Kniebeugefunktion durch den Sitzwinkel eine ständige Spannung in der entsprechenden Muskulatur vor. Im beruflichen Alltag wird die volle Bewegungsamplitude der betroffenen Gelenke nicht vollständig ausgeschöpft. Durch das vorliegende Testergebnis der Bewegungseinschränkung ist ein spezielles Dehnprogramm erforderlich.

Die Ergebnisse der Kniestreckmuskulatur sind sehr gut. Ein Beweglichkeitstraining der entsprechenden Muskulatur ist nicht zwingend erforderlich.

In der Brust- und Wadenmuskulatur liegt ebenfalls ein Defizit vor. Hier sollte während der beruflichen Tätigkeit darauf geachtet werden, eine angemessene Sitzposition (gerader Rücken, Füße vollständig am Boden abgestellt) einzuhalten, welche als mögliche Ursache für die Einschränkung gilt. In entsprechenden Dehnübungen sollte hier ebenfalls der M. pectoralis major und der Mm. triceps surae angesprochen werden. Durch die vorwiegende Anteversion der Arme im Berufsalltag ist es zudem erforderlich, die Antagonisten im Rückenbereich, speziell den M. trapezius, mittels Krafttraining als Ausgleich zu stärken.

Die Bewegungseinschränkungen sind durch die sportliche Aktivität der Testperson (Radfahren und Laufen) aufgrund des vorherrschenden Bewegungsablaufs begünstigt. Dies äußert sich beispielsweise in der Bewegungseinschränkung der Wadenmuskulatur, in welcher das schlechteste Testergebnis erzielt wurde. Es handelt sich demnach nicht nur um eine muskuläre Dysbalance als Ausdruck eines motorischen Stereotyps, sondern ebenfalls um eine sportmotorische Adaptation (Eifler, 2018, S. 39–40). Da die Testperson keinen Leistungssport betreibt und sowohl unter Rücken- als auch Kopfschmerzen leidet, sollte die Gesamtheit der Dysbalancen ausgeglichen werden.

Für den Klienten ist es nun wichtig, die Muskulatur durch entsprechende Dehnübungen zu reaktivieren um die volle Bewegungsamplitude wieder nutzen zu können. Hierzu beschäftigt sich das folgende Kapitel mit einem, auf die Bedürfnisse und Beschwerden der Testperson, angepassten Dehnprogramm. Ebenfalls sollten in einem möglichen Krafttraining die Antagonisten gestärkt werden, hierauf wird im weiteren Verlauf nicht eingegangen.

3 Trainingsplanung Beweglichkeitstraining

3.1 Übungsauswahl und Rahmenbedingungen

Die nachfolgenden Tabellen veranschaulichen zehn Übungen zur Verbesserung der allgemeinen Beweglichkeit unter Einbezug der Testergebnisse aus Kapitel 2. Bei allen statischen Übungen wird die Dehnposition bei submaximaler Intensität 45 Sekunden für vier Sätze mit jeweils einer Minute Pause gehalten. Bei den dynamischen Übungen wird der Bewegungsablauf zehn mal in Folge für vier Sätze mit jeweils einer Minute Pause bei submaximaler Intensität durchgeführt ohne die Endposition zu halten. Sofern möglich wird bei beiden Methoden anschließend ein Seitenwechsel durchgeführt. Das postisometrische Dehnen wird in der entsprechenden Übung näher erläutert. Das Training wird vier mal pro Woche in der dargestellten Reihenfolge absolviert.

Tabelle 3: Übung Nr. 1 – Dehnung der Wadenmuskulatur (eigene Darstellung)

Zielmuskulatur	M. gastrocnemius
Dehnmethode	passiv-statisch
Beschreibung	Die Ausgangsposition ist ein leichter Ausfallschritt, die Zehen beider Füße zeigen parallel nach vorne. Das vordere Bein ist im Kniegelenk leicht gebeugt, das hintere steht mit der Sohle komplett aufgesetzt und ist im Kniegelenk gestreckt. Die Dorsalextension im hinteren Bein wird vergrößert, indem eine Gewichtsverlagerung des Oberkörpers vertikal nach vorne-unten durchgeführt wird.

Tabelle 4: Übung Nr. 2 – Dehnung der Wadenmuskulatur (eigene Darstellung)

Zielmuskulatur	M. soleus
Dehnmethode	passiv-dynamisch
Beschreibung	Die Ausgangsposition ist ein leichter Ausfallschritt, die Zehen beider Füße zeigen parallel nach vorne. Beide Füße stehen mit der kompletten Sohle am Boden und sind im Kniegelenk leicht gebeugt. Die Dorsalextension im hinteren Bein wird vergrößert indem eine Gewichtsverlagerung des Oberkörpers vertikal nach-vorne unten durchgeführt wird.

Tabelle 5: Übung Nr. 3 – Dehnung der ischiocruralen Muskulatur (eigene Darstellung)

Zielmuskulatur	M. biceps femoris, M. semimembranosus, M. semitendinosus
Dehnmethode	passiv-statisch
Beschreibung	Die Ausgangsposition ist ein leichter Ausfallschritt, die Zehen beider Füße zeigen parallel nach vorne. Das hintere Bein ist im Kniegelenk leicht gebeugt, das vordere Kniegelenk gestreckt. Das Gesäß wird nach hinten-unten abgesetzt und der Oberkörper leicht nach vorne geneigt, sodass das Becken kippt.

Tabelle 6: Übung Nr. 4 – Dehnung der medialen Oberschenkelmuskulatur (eigene Darstellung)

Zielmuskulatur	M. adductor brevis, M. addcutor longus, M. adductor magnus, M. gracilis, M. pectineus
Dehnmethode	aktiv-dynamisch
Beschreibung	Die Ausgangsposition ist sitzend, der Oberkörper ist aufgerichtet mit den Armen als Stütze hinter dem Körper. Die Beine werden möglichst weit nach außen abgespreizt, die Kniegelenke sind dabei durchgestreckt. Die Dehnung wird verstärkt, indem der Oberkörper bei geradem Rücken nach vorn geneigt wird.

Tabelle 7: Übung Nr. 5 – Dehnung der Gesäßmuskulatur (eigene Darstellung)

Zielmuskulatur	M. glutaeus maximus, M. glutaeus medius, M. glutaeus minimus
Dehnmethode	passiv-dynamisch
Beschreibung	Ausgangsposition ist die Rückenlage. Das Stützbein steht angewinkelt auf dem Boden, das andere Bein wird mit dem Unterschenkel auf der Oberschenkelvorderseite des Stützbeins aufgelegt. Die Dehnung erfolgt, wenn das Stützbein mit beiden Händen am Oberschenkel gegriffen und an den Oberkörper herangezogen wird. Der Unterschenkel hängt dabei locker Richtung Boden.

Tabelle 8: Übung Nr. 6 – Dehnung der Hüftbeugemuskulatur (eigene Darstellung)

Zielmuskulatur	M. iliopsoas, M. rectus femoris
Dehnmethode	aktiv-statisch
Beschreibung	Ausgangsposition ist der einbeinige Kniestand. Das vordere Bein ist im Kniegelenk gebeugt und steht mit dem ganzen Fuß auf dem Boden. Das hintere Bein liegt mit dem Unterschenkel und dem Fußrücken am Boden. Indem der Körperschwerpunkt nach vorne-unten verlagert und das Becken abgesenkt wird, entsteht eine Dehnung der Hüftbeugemuskulatur. Der Oberkörper bleibt dabei aufrecht.

Tabelle 9: Übung Nr. 7 – Dehnung der autochthonen Rückenmuskulatur (eigene Darstellung)

Zielmuskel	Mm. erector spinae
Dehnmethode	aktiv-dynamisch
Beschreibung	Ausgangsposition ist der Vierfüßlerstand auf den Knien. Mit aktiver Anspannung der Bauchmuskulatur wird die Wirbelsäule nach oben gewölbt (Katzenbuckel).

Tabelle 10: Übung Nr. 8 – Dehnung der seitlichen Rumpfmuskulatur (eigene Darstellung)

Zielmuskulatur	M. obliquus exterus abdominis, M. obliquus internus abdominis
Dehnmethode	passiv-statisch
Beschreibung	Ausgangsposition ist die Rückenlage. Die Arme liegen im 90° Winkel seitlich zum Körper am Boden, die Beine sind im Kniegelenk angewinkelt. Während die angewinkelten Beine seitlich auf den Boden abgelegt werden verbleibt der Schultergürtel dauerhaft und vollständig auf dem Boden.

Tabelle 11: Übung Nr. 9 – Dehnung der Brust- Oberarm- und Schultermuskulatur (eigene Darstellung)

Zielmuskulatur	M. pectoralis major, M. biceps brachii, M. deltoideus pars clavicularis
Dehnmethode	aktiv-statisch
Beschreibung	Die Ausgangsposition ist ein aufrechter, hüftbreiter Stand. Mit verschränkten Händen hinter dem Körper (Handflächen zeigen nach innen) werden die gestreckten Arme aktiv nach oben angehoben. Dabei bleiben die Schultern tief und die Oberkörperhaltung unverändert.

Tabelle 12: Übung Nr. 10 – Dehnung der Nackenmuskulatur (eigene Darstellung)

Zielmuskulatur	M. trapezius pars descendens
Dehnmethode	postisometrisch
Beschreibung	Ausgangsposition ist der aufrechte Stand. Der Kopf wird zu einer Seite geneigt, die Blickrichtung bleibt geradeaus. Die Schulter der gegenüberliegenden Seite wird ohne Hilfsmittel aktiv nach unten gezogen. Die Position wird unter submaximaler Intensität für 20 Sekunden gehalten, anschließend wird die Schulter aktiv nach oben gezogen und für 10 Sekunden gehalten. Die Kopfhaltung ist nun wieder neutral in Verlängerung zur Wirbelsäule.Nach 3 Sekunden völliger Entspannung wird der Vorgang wiederholt. Anschließend erfolgt ein Seitenwechsel.

3.2 Begründung zum Dehnprogramm

„Beweglichkeit ist die Fähigkeit, Bewegungen willkürlich und gezielt mit der erforderlichen bzw. optimalen Schwingungsweite der beteiligten Gelenke ausführen zu können" (Martin et al., 1993, S. 214). Auf Grundlage dieser Definition wurde ein ganzheitliches Dehntraining mit verschiedenen Schwerpunkten für die Testperson erarbeitet. Zu den Motiven des Probanden zählen die Verbesserung der allgemeinen Beweglichkeit, sowie die Minderung von Verspannungen und Rückenschmerzen. Aufgrund der Einschränkungen der Waden-, Hüftbeuge- und Kniebeugemuskulatur wurde mit den Übungen 1–6 der Fokus auf diesen Muskelbereich gelegt. Gegen den Rundrücken und eine Haltungsverbesserung am Arbeitsplatz wurden die stabilisierenden Übungen für die Wirbelsäule und die Bauchmuskulatur, als auch die Dehnübung für die Brustmuskulatur hinzugefügt. Um die Verspannungen und Schmerzen zu mindern, ist zudem eine Übung für die Nackenmuskulatur integriert worden.

Rancour, Holmes & Cipriani (2009) empfehlen als Minimalprogramm eine Trainingshäufigkeit von zwei bis drei Einheiten pro Woche. Entsprechend des zeitlichen Verfügungsrahmens der Testperson werden vier Einheiten pro Woche durchgeführt. Das Dehnen wird im Anschluss an die regulären Sporteinheiten im Fitnessstudio in einem speziellen Dehnbereich durchgeführt. Die unterschiedlichen Positionierungen, vom aufrechten Stand bis zur Bodenlage, sind somit durchführbar und ermöglichen ein breites Bewegungsspektrum für die Testperson, was einem ganzheitlichen Training entspricht.

Zudem ist die Serienanzahl von vier Sätzen pro Übung und die Dehndauer von 45 Sekunden gewählt worden, weil eine Unterschreitung wahrscheinlich zu einem unwirksamen Reiz führen würde (Franco, Signorelli, Trajano & De Oliveira, 2008). Bereits bei einer Dehndauer von 15 Sekunden werden Effekte zur signifikanten Verbesserung der Bewegungsreichweite und des Leistungszustandes im Breitensport erzielt (Schwichtenberg & Jordan, 2012, S. 44).

Sowohl die Übungsauswahl, als auch die Belastungsparameter, entsprechen somit sowohl den Trainingsmotiven der Testperson, als auch den zu dehnenden Muskelpartien gemäß des Beweglichkeitstests.

4 Trainingsplanung Koordinationstraining

4.1 Übungsauswahl und Rahmenbedingungen

„Aus neurologischer Sicht bezeichnet Koordination das Zusammenwirken von Zentralnervensystem und Skelettmuskulatur innerhalb eines gezielten Bewegungsablaufes" (Hollmann & Hettinger, 2000, S. 143).

Zur Verbesserung der allgemeinen Koordination wird im Folgenden für die Testperson ein Gleichgewichtstraining mit zehn aufeinander aufbauenden Übungen und deren Belastungsgefüge dargestellt. Dieses Training verbessert entsprechend dem Trainingsmotiv des Probanden das Gleichgewicht und Körpergefühl. Die Übungen werden immer vor einer entsprechenden regulären Trainingseinheit, aber nach dem Aufwärmen absolviert. Das Programm stellt eine methodische Reihe dar, in welcher eine neue Übung erst dann durchgeführt wird, wenn die vorherige ohne Fehlerbild von der Testperson im entsprechenden Belastungsgefüge absolviert werden kann.

Tabelle 13: Belastungsgefüge im Gleichgewichtstraining (eigene Darstellung)

Trainingshäufigkeit pro Woche	2
Sätze pro Übung	2
Satzpausen in Sekunden	90

Tabelle 14: Koordinationsübungen mit dem Fokus auf Gleichgewichtstraining (eigene Darstellung)

Übung Nr. 1: Einbeinstand	
Beschreibung	Die Testperson steht aufrecht auf einem Bein. Die Arme sind seitlich am Körper. Das Spielbein ist leicht hinter dem Oberkörper angehoben. Die Position wird für 30 Sekunden gehalten, anschließend erfolgt ein Seitenwechsel.

Übung Nr. 2: Einbeinstand mit Schwungbein	
Beschreibung	Die Testperson steht aufrecht auf einem Bein. Die Arme sind seitlich am Körper. Das Spielbein wird deutlich vor und zurück geschwungen, ähnlich einer Laufbewegung. Die Übung wird für 30 Sekunden ausgeführt, anschließend erfolgt ein Seitenwechsel.

Übung Nr. 3: Einbeinstand mit geschlossenen Augen	
Beschreibung	Die Testperson steht aufrecht auf einem Bein. Die Arme sind seitlich am Körper. Das Spielbein ist leicht hinter dem Oberkörper angehoben. Beide Augen sind während der Übung geschlossen. Die Position wird für 30 Sekunden gehalten, anschließend erfolgt ein Seitenwechsel.

Übung Nr. 4: Einbeinstand mit Schwungbein und geschlossenen Augen	
Beschreibung	Die Testperson steht aufrecht auf einem Bein. Die Arme sind seitlich am Körper. Das Spielbein wird vor und zurück geschwungen, ähnlich einer Laufbewegung. Beide Augen sind während der Übung geschlossen. Die Übung wird für 30 Sekunden ausgeführt, anschließend erfolgt ein Seitenwechsel.

Übung Nr. 5: Leichte Standwaage (statisch), Arm gestreckt	
Beschreibung	Die Testperson steht aufrecht auf dem linken Bein. Nun lehnt sie sich leicht vorwärts bis ein 45° Winkel zum Boden erreicht wird. Der linke Arm streckt nah am Kopf vorbei im 45° Winkel Richtung Decke. Der rechte Arm ist seitlich an der Hüfte abgestützt. Sowohl das Kniegelenk des rechten Beines, als auch das Ellenbogengelenk des linken Armes sind vollständig gestreckt und bilden mit dem Oberkörper eine Linie. Der Kopf befindet sich in Verlängerung zur Wirbelsäule. Die Endposition wird für 30 Sekunden gehalten, anschließend erfolgt ein Seitenwechsel.

Übung Nr. 6: Leichte Standwaage (dynamisch), Arm gestreckt	
Beschreibung	Die Testperson steht aufrecht auf dem linken Bein. Nun lehnt sie sich leicht vorwärts bis ein 45° Winkel zum Boden erreicht wird. Der linke Arm streckt nah am Kopf vorbei im 45° Winkel Richtung Decke. Der rechte Arm ist seitlich an der Hüfte abgestützt. Sowohl das Kniegelenk des rechten Beines, als auch das Ellenbogengelenk des linken Armes sind vollständig gestreckt und bilden mit dem Oberkörper eine Linie. Der Kopf befindet sich in Verlängerung zur Wirbelsäule. Die Bewegung vom Einbeinstand hin zur Standwaage wird fünf mal gleichmäßig im Drei-Sekunden-Rhythmus eingenommen und für drei Sekunden wieder aufgelöst. Anschließend erfolgt ein Seitenwechsel.

Übung Nr. 7: Leichte Standwaage (statisch), Arm gestreckt mit geschlossenen Augen	
Beschreibung	Die Testperson steht aufrecht auf dem linken Bein. Nun lehnt sie sich leicht vorwärts bis ein 45° Winkel zum Boden erreicht wird. Der linke Arm streckt nah am Kopf vorbei im 45° Winkel Richtung Decke. Der rechte Arm ist seitlich an der Hüfte abgestützt. Sowohl das Kniegelenk des rechten Beines, als auch das Ellenbogengelenk des linken Armes sind vollständig gestreckt und bilden mit dem Oberkörper eine Linie. Der Kopf befindet sich in Verlängerung zur Wirbelsäule. Beide Augen sind während der Übung geschlossen. Die Endposition wird für 30 Sekunden gehalten, anschließend erfolgt ein Seitenwechsel.

Übung Nr. 8: Leichte Standwaage (dynamisch), Arm gestreckt mit geschlossenen Augen	
Beschreibung	Die Testperson steht aufrecht auf dem linken Bein. Nun lehnt sie sich leicht vorwärts bis ein 45° Winkel zum Boden erreicht wird. Der linke Arm streckt nah am Kopf vorbei im 45° Winkel Richtung Decke. Der rechte Arm ist seitlich

	an der Hüfte abgestützt. Sowohl das Kniegelenk des rechten Beines, als auch das Ellenbogengelenk des linken Armes sind vollständig gestreckt und bilden mit dem Oberkörper eine Linie. Der Kopf befindet sich in Verlängerung zur Wirbelsäule. Beide Augen sind während der Übung geschlossen. Die Bewegung vom Einbeinstand hin zur Standwaage wird fünf mal gleichmäßig im Drei-Sekunden-Rhythmus eingenommen und für drei Sekunden wieder aufgelöst. Anschließend erfolgt ein Seitenwechsel.
Übung Nr. 9: Leichte Standwaage, Arm gestreckt auf Bosu Ball	
Beschreibung	Der Bosu Ball liegt mit der flachen Seite auf dem Boden, die Ballseite ist nach oben gerichtet. Die Testperson steht aufrecht auf dem linken Bein auf dem Bosu Ball. Nun lehnt sie sich leicht vorwärts bis ein 45° Winkel zum Boden erreicht wird. Der linke Arm streckt nah am Kopf vorbei im 45° Winkel Richtung Decke. Der rechte Arm ist seitlich an der Hüfte abgestützt. Sowohl das Kniegelenk des rechten Beines, als auch das Ellenbogengelenk des linken Armes sind vollständig gestreckt und bilden mit dem Oberkörper eine Linie. Der Kopf befindet sich in Verlängerung zur Wirbelsäule. Die Endposition wird für 30 Sekunden gehalten, anschließend erfolgt ein Seitenwechsel.
Übung Nr. 10: Leichte Standwaage, Arm gestreckt auf Bosu Ball mit geschlossenen Augen	
Beschreibung	Der Bosu Ball liegt mit der flachen Seite auf dem Boden, die Ballseite ist nach oben gerichtet. Die Testperson steht aufrecht auf dem linken Bein auf dem Bosu Ball. Nun lehnt sie sich leicht vorwärts bis ein 45° Winkel zum Boden erreicht wird. Der linke Arm streckt nah am Kopf vorbei im 45° Winkel Richtung Decke. Der rechte Arm ist seitlich an der Hüfte abgestützt. Sowohl das Kniegelenk des rechten Beines, als auch das Ellenbogengelenk des linken Armes sind vollständig gestreckt und bilden mit dem Oberkörper eine Linie. Der Kopf befindet sich in Verlängerung zur Wirbelsäule. Die Augen sind während der Übung geschlossen. Die Endposition wird für 30 Sekunden gehalten, anschließend erfolgt ein Seitenwechsel.

4.2 Begründung zum Koordinationstraining

Mit den Übungen soll das Gleichgewicht und Körpergefühl der Testperson entsprechend dem Trainingsmotiv gefördert werden. Per Definition geht es bei der Koordination um das Zusammenspiel von Muskeln und Nerven (vgl. Hollmann & Hettinger, 2000, S. 143). Durch die Förderung der intermuskulären Koordination, mittels komplexer werdender Übungen, wird das Zusammenwirken verschiedener, an einem Bewegungsablauf beteiligter, Muskeln gefördert und damit das Motiv des Trainierenden erzielt (Chwilkowski, 2006, S.9). Die Gleichgewichtsfähigkeit ist eine spezielle koordinative Fähigkeit, bei welcher unter wechselnden Bedingungen das Halten und Wiederherstellen das Körpergleichgewichts auf verschiedenen Flächen und Untergründen geschult wird (Eifler, 2018, S. 112). Durch den Einsatz des Bosu Balls und verschiedenen Rahmenbedingungen, wie verschlossenen Augen, dem Schwungbein, oder dem variierendem Körperschwerpunkt, erfüllen die Übungen die Anforderungen eines Gleichgewichtstrainings. Die Testperson soll nicht alle Übungen am ersten Tag beherrschen, sondern den Körper durch den Übungsaufbau von leicht zu schwer an die neuen Bewegungsmuster gewöhnen und sich sukzessiv mit der Schwierigkeit steigern. Das Vorhandensein der drei Koordinationsphasen zur Entwicklung der Grob- und Feinkoordination beziehungsweise der Feinkoordination mit variabler Verfügbarkeit benötigt Übungszeit. Dies rechtfertigt den sukzessiv steigenden Schwierigkeitsgrad der Übungen (Schnabel, 2007, S.163). Aus dem selben Grund wird der Organisationsdruck als motorisch-koordinative Druckbedingung nach Neumaier und Mechling (1994) anfangs mit der Standwaage und später mit dem Bosu Ball eingeführt. Vor der Übungsausführung findet zur Minimierung des Verletzungsrisikos stets ein allgemeines Aufwärmen statt. Damit die Konzentration oder Muskelstärke nicht zum begrenzenden Faktor wird, ist vor dem Gleichgewichtstraining kein anderes Training durchzuführen. Die nachfolgende Tabelle verdeutlicht abschließend den Wechsel der Anforderungen in den jeweiligen Übungen unter Beachtung der didaktischen Prinzipien (Eifler, 2018, S. 183).

Tabelle 15: Anforderungswechsel im Koordinationstraining (eigene Darstellung)

Übung	Anforderungswechsel
Nr. 1	Grundlage für stabilen Einbeinstand und Bedingung für alle weiteren Übungen
Nr. 2	Schwungbein als Zusatzaufgabe der Koordination verschiedener Körperteile
Nr. 3	Informationseinschränkung durch geschlossene Augen
Nr. 4	Kombination der Zusatzaufgabe und Informationseinschränkung als erste Stufe des Organisationsdrucks, Voraussetzung: Feinkoordination Einbeinstand
Nr. 5	Wechsel der Ausgangsstellung und Schwerpunktverlagerung
Nr. 6	Dynamik als Koordinationsaufgabe verschiedener Körperteile
Nr. 7	Informationseinschränkung durch geschlossene Augen
Nr. 8	Kombination der Zusatzaufgabe und Informationseinschränkung als zweite Stufe des Organisationsdrucks, Voraussetzung: Feinkoordination Standwaage
Nr. 9	Veränderte Umweltbedingungen (Untergrund) durch den Bosu Ball
Nr. 10	Informationseinschränkung durch geschlossene Augen

5 Literaturrecherche

Tabelle 16 umfasst die Informationen zur folgenden wissenschaftlichen Studie: „Bewegungsreichweite, Zugkraft und Muskelaktivität bei eigen- bzw. fremdregulierter Dehnung" (Glück, Schwarz, Hoffmann & Wydra, 2002).

Tabelle 16: Studie 1 – Effekte des Dehnens auf Bewegungsreichweite und Dehnspannung (eigene Darstellung)

Bezeichnung der Studie	Bewegungsreichweite, Zugkraft und Muskelaktivität bei eigen- bzw. fremdregulierter Dehnung		
Autoren	S. Glück, M. Schwarz, U. Hoffmann, G. Wydra		
Jahr der Publikation	2002		
Stichprobe	27 Sportstudenten – ausgeschlossen waren Sportler mit überdurchschnittlich hohen Beweglichkeitsanteilen in ihrer Kernsportart (Glück, Schwarz, Hoffmann & Wydra, 2002, S. 68).		
Geschlecht	16 Männer	11 Frauen	27 Gesamt
Alter	25,4 ± 1,7 Jahre	24,1 ± 1,4 Jahre	24,8 ± 1,7 Jahre
Körpergröße	178,6 ± 6,1 cm	171,3 ± 7,9 cm	175,6 ± 7,7 cm
Gewicht	72,6 ± 7,1 kg	60,4 ± 8,2 kg	67,6 ± 9,6 kg
Aufbau	→ Drei Versuchsgruppen → Untersuchung der Dehnfähigkeit des M. biceps femoris → Testphase über drei Wochen mit jeweils einem der folgenden Tests → Je 15 Wiederholungen mit maximaler Dehnung auf einer Messapparatur 1. Test: direkte Eigendehnung durch selbstständiges Dehnen über Seilzug 2. Test: indirekte Eigendehnung durch selbstständiges Bedienen eines Motors 3. Test: indirekte Fremddehnung durch Steuerung des Motors durch Testleiter (Glück, Schwarz, Hoffmann & Wydra, 2002, S. 68–69). Rahmenbedingungen: Keine intensiven körperlichen Belastungen vor dem Testtermin und kein zusätzliches Beweglichkeitstraining während der Testphase. Vor dem Test fünf Minuten Aufwärmen mittels Fahrradergometer mit 1,5 Watt/kg Körpergewicht. Standardisierte Fixierung in Rückenlage während des Tests (Glück, Schwarz, Hoffmann & Wydra, 2002, S. 68–69).		
Ergebnisse	Ergebnis: Es konnten keine signifikanten Gruppenunterschiede der Methoden bezogen auf die Zugkraft, die maximal tolerierte Zugkraft oder die Muskelaktivität festgestellt werden. Die direkte Eigendehnung hat im Vergleich zum indirekten Verfahren eine hochsignifikant größere maximale Bewegungsreichweite bei geringeren Zugkräften und Muskelaktivitäten erzielen können. Alle Probanden gaben an, die direkte Eigendehnung als am angenehmsten empfunden zu haben (Glück, Schwarz, Hoffmann & Wydra, 2002, S. 69–70). Schlussfolgerung: Die direkte Eigendehnung ist im Bezug auf den kurzfristig positiven Effekt der Bewegungsreichweite des getesteten Muskels zu bevorzugen. Ein weiterer Grund für diese Praxis ist die angenehmere Wahrnehmung des Verfahrens (Glück, Schwarz, Hoffmann & Wydra, 2002, S. 70–71).		

Tabelle 17 umfasst die Informationen zur folgenden wissenschaftlichen Studie:

„Wie beeinflussen unterschiedliche Dehnintensitäten kurzfristig die Veränderung der Bewegungsreichweite?" (Marschall, 1999).

Tabelle 17: Studie 2 – Effekte des Dehnens auf Bewegungsreichweite und Dehnspannung (eigene Darstellung)

Bezeichnung der Studie	Wie beeinflussen unterschiedliche Dehnintensitäten kurzfristig die Veränderung der Bewegungsreichweite?
Autor	F. Marschall
Jahr der Publikation	1999
Stichprobe	21 Versuchspersonen Geschlecht: 12 Männer, 9 Frauen Alter: 24,8 ± 3,4 Jahre Größe: 172,9 ± 8,5 cm Gewicht: 66,6 ± 11,0 kg Untersuchung von 42 Beinseiten (Marschall, 1999, S. 7).
Aufbau	→ Untersuchung erfolgte auf einem Messtisch (Schönthaler & Ott, 1994) → Erwärmung auf Fahrradergometer, Belastung von 1,5 Watt/kg Körpergewicht → Untersuchung der Dehnfähigkeit des M. biceps femoris → Zwei Versuchsgruppen (weiches Dehnen und maximales Dehnen) → Messung der Dehnfähigkeit im Vortest und Nachtest bei 15 Wiederholungen → Raumtemperatur 22,0 ± 1,1° → Luftfeuchtigkeit 54,7 ± 8,0% (Marschall, 1999, S. 7).
Ergebnisse	Ergebnis: Beide Methoden führten kurzfristig zu einer signifikanten Verbesserung der maximalen Bewegungsreichweite, die Dehnschwelle blieb jedoch gleich. Die Verbesserung der Dehnfähigkeit mit maximaler Intensität ist statistisch bedeutend größer als die submaximale Methode nach 15 Wiederholungen (Marschall, 1999, S. 7–8). Schlussfolgerung: Es konnte keine eindeutige und sichere Begründung zur Erhöhung der Bewegungsreichweite ermittelt werden. Bei einer anderen Zusammenstellung der Probanden (mit Schmerzerfahrung) sind gegenläufige Effekte vorstellbar. Es sollte in der Praxis, aufgrund der Ergebnisse, weiterhin differenziert und kritisch die Fachliteratur aus dem Bereich „Stretching" betrachtet werden. Es sollten weitergehende Untersuchungen durchgeführt werden (Marschall, 1999, S. 8–9).

6   Literaturverzeichnis

Chwilkowski, C. (2006). *Medizinisches Koordinationstraining. Verbesserung der Haltungs- und Bewegungskoordination durch Propriozeption* (2. Aufl.). Köln: Deutscher Trainer Verlag.

Eifler, C. (2018). *Studienbrief Trainingslehre III* (Rev. 19.025.000). Saarbrücken: Deutsche Hochschule für Prävention und Gesundheitsmanagement.

Franco, B. L., Signorelli, G. R., Trajano, G. S. & De Oliveira, C. (2008). Acute effects of different stretching exercises on muscular endurance. *Journal of Srength and Conditioning Research, 22* (6), S. 1832-1837.

Hirtz, P. (2007). Koordinative Fähigkeiten und Beweglichkeit. In K. Meinel, G. Schnabel & J. Krug (Hrsg.). *Bewegungslehre - Sportmotorik. Abriss einer Theorie der sportlichen Motorik unter pädagogischem Aspekt* (11. Aufl. S. 212-242). Aachen: Meyer & Meyer.

Hollmann, W. & Hettinger, T. (2000). *Sportmedizin Grundlagen für Arbeit Training und Präventivmedizin* (4. Aufl.). Stuttgart: Schattauer.

Janda, V. (2000). *Manuelle Muskelfunktionsdiagnostik* (4. Aufl.). München: Urban & Fischer.

Marschall, F. (1999). Wie beeinflussen unterschiedliche Dehnintensitäten kurzfristig die Veränderung der Bewegungsreichweite? *Deutsche Zeitschrift für Sportmedizin, 50* (1), S. 5-9.

Martin, D., Carl, K. & Lehnertz, K. (1993). *Handbuch Trainingslehre* (2. Aufl.). Schorndorf: Hofmann.

Neumaier, A. & Mechling, H. (1994). Taugt das Konzept „koordinativer Fähigkeiten" als Grundlage für sportartspezifisches Koordinationstraining? In P. Blaser, K. Witte & C. Stucke (Hrsg.). *Steuer- und Regelvorgänge der menschlichen Motorik* (S. 93-105). Sankt Augustin: Academia.

Olivier, N., Marschall, F. & Büsch, D. (2008). *Grundlagen der Trainingswissenschaft und -lehre.* Schorndorf: Hofmann.

Rancour, J., Holmes, C. F. & Cipriani, D. J. (2009). The effects of intermittent stretching following a 4-week static stretching protocol: a randomized trial. *Journal of strength and conditioning research / National Strength & Conditioning Association, 23* (8), S. 2217-2222.

Schönthaler, S. R. & Ott, H. (1994). *Auswirkungen verschiedener Dehnmethoden auf die maximale Bewegungsreichweite und die Dehnspannung. Messung an der ischiocruralen Muskulatur mit einem computergesteuerten isokinetischen Meßsystem.* Unveröffentlichte Diplomarbeit, Universität des Saarlandes. Saarbrücken.

Schwichtenberg, M. & Jordan, A. (2012). *Kräftigen und Dehnen. Muskelaufbau und -funktion, effektive Ganzkörperkräftigung, 80 Übungen und Kurzprogramme* (3. überarbeitete Auflage). Aachen: Meyer & Meyer.

Glück, S., Schwarz, M., Hoffmann, U. & Wydra, G. (2002). Bewegungsreichweite, Zugkraft und Muskelaktivität bei eigen- bzw. fremdregulierter Dehnung. *Deutsche Zeitschrift für Sportmedizin, 53* (3), S. 66–71.

7 Tabellenverzeichnis

BEI GRIN MACHT SICH IHR WISSEN BEZAHLT

- Wir veröffentlichen Ihre Hausarbeit,
  Bachelor- und Masterarbeit

- Ihr eigenes eBook und Buch -
  weltweit in allen wichtigen Shops

- Verdienen Sie an jedem Verkauf

Jetzt bei www.GRIN.com hochladen und kostenlos publizieren